UNE IDÉE FINANCIÈRE

UNE IDÉE FINANCIÈRE

PAR

M. J. BUDIN

Ancien Receveur Général des Finances de la Savoie

LYON

IMPRIMERIE DU SALUT PUBLIC

BELLON, RUE DE LYON, 33

1871

UNE IDÉE FINANCIÈRE

PAR

M. J. BUDIN

Ancien Receveur Général des Finances de la Savoie

L'histoire des nations présente, à de longs intervalles, des cataclysmes effroyables ; mais, à aucune époque, on ne vit un peuple instruit, actif, guerrier par tempérament, être contraint de subir, après une lutte de quelques mois, la paix humiliante imposée par un peuple son égal en population.

On peut donc dire, avec raison, que la situation actuelle de la France est sans exemple dans le passé.

Il y a, dans les événements auxquels nous assistons, plus d'un enseignement à méditer, plus d'un problème à résoudre.

Nous laisserons à d'autres le soin de rechercher la cause de nos désastres, de formuler un jugement sur les hommes et les choses d'un passé qui appartient à l'histoire.

Notre but, en prenant la plume, n'est pas de faire de la politique, mais simplement d'émettre une idée sur le grave sujet à l'ordre du jour, la *question financière*.

** * **

La France, il ne faut pas se le dissimuler, a une lourde tâche à remplir.

Des besoins considérables vont se révéler, lorsque rendu à lui-même, le pays pourra sonder, avec calme, les blessures faites par les événements à son crédit, à son industrie.

Le paiement de l'indemnité exigée par la Prusse sera d'autant plus difficile, que la guerre a tari les sources par lesquelles les métaux précieux arrivaient dans nos caisses.

La solidarité, la justice nous font un devoir de secourir les départements rançonnés par l'ennemi.

Enfin, nous avons à liquider nos propres dépenses de guerre, à refaire nos approvisionnements et le matériel détruit ou enlevé par la Prusse.

Toutes ces obligations sont de premier ordre. La France ne peut s'y soustraire sans renoncer absolument à la position qui lui appartient en Europe, même après ses revers douloureux.

En temps ordinaire, des réformes économiques bien étudiées et introduites, avec prudence, dans certaines branches de l'administration du pays, auraient amplement suffi pour donner les excédants que les ministres demandaient à des emprunts.

Ces réformes sont encore possibles : nous allons plus loin, elles sont indispensables pour assurer à la machine administrative un fonctionnement plus prompt et moins coûteux.

Toutefois, les besoins ont pris de telles proportions, par l'effet de cette guerre avec la Prusse, que la France doit chercher, dans des modifications plus radicales, les immenses ressources nécessaires pour répondre à de pareilles exigences.

Avant la guerre, l'impôt se payait régulièrement; cependant des plaintes s'élevaient, dans quelques contrées, sur le chiffre de certaines contributions.

Les centimes additionnels, dont il a été fait un usage immodéré, soit par les départements, soit par les communes, doublaient le principal, ils le dépassaient dans quelques localités.

Une opinion assez généralement répandue, c'est que la propriété foncière fléchissait déjà sous le poids des impôts et de sa dette hypothécaire.

Les ressources demandées aux communes pour les gardes nationales mobilisées ont encore augmenté ces charges.

Le gouvernement va donc se trouver aux prises avec une immense difficulté. Pourra-t-il oublier, en cherchant les moyens de la vaincre, que toutes les fortunes, toutes les positions ont été atteintes, et que les sacrifices, si impérieux qu'ils soient, ont une limite : l'impossible ?

***

Cette impossibilité étant admise, le problème qui s'impose à nos hommes d'Etat est celui-ci :

Procurer au Trésor, en dehors d'une augmentation d'impôts, les ressources nécessaires pour faire face aux besoins suivants :

1° Développement de notre industrie nationale, afin de faire rentrer, par le commerce d'exportation, le numéraire enlevé par la Prusse;

2° Crédit public et fonds français à relever ;

3° Service des intérêts et amortissement des rentes créées pour réaliser l'indemnité de guerre ;

4° Secours à donner aux départements ruinés par l'invasion ;

5° Liquidation de nos dépenses, reconstitution du matériel et des approvisionnements.

Si vaste que paraisse, au premier abord, un tel problème, nous ne le croyons cependant pas insoluble.

Nous reconnaissons, toutefois, qu'il sollicite une étude sérieuse de la part des économistes et un effort suprême de l'administration française.

Nous ne pensons pas avoir trouvé la meilleure solution de ce problème ardu ; nous allons, néanmoins, exposer nos idées sur cette question. Si elles peuvent être de quelque utilité, dans la discussion que ce problème doit soulever, nous nous estimerons heureux d'avoir appliqué à cette courte étude les modestes connaissances que nous ont données de longs services dans l'administration des finances.

*
* *

Le billet de la Banque de France a pour garantie les sacs d'écus déposés dans les caveaux de cet établissement.

Ce gage est-il donc à l'abri de tout danger?

Ne peut-il disparaître dans une de ces commo-tions violentes auxquelles notre pays est fatale-ment condamné depuis 80 ans, à des époques à peu près périodiques?

C'est là un danger réel pour le crédit des billets de cette grande institution. Aussi, le moindre mouvement révolutionnaire, ne fut-il encore qu'à l'état de symptôme, leur fait subir une dépréciation qui se traduit par un change plus ou moins élevé, suivant les circonstances.

N'en serait-il pas autrement si, au lieu d'être la représentation d'une puissance métallique exposée à disparaître, dans un moment de trouble, le billet de banque avait pour garantie la propriété foncière, celle des particuliers et celle de la nation?

Nous répondrons hardiment : Oui !

Il existe en France, et dans d'autres pays, un établissement financier qui émet, contre numéraire, des obligations garanties par les hypothèques souscrites par les particuliers ou par les votes des communes créant des ressources pour le service des prêts faits par le Crédit foncier;

on n'a jamais contesté la solidité de ces obligations. Dès l'origine, elles ont trouvé un placement facile. Cependant, le Crédit foncier, quoique patronné par l'Etat, dont il a reçu certains avantages, n'est, en réalité, qu'une société particulière.

Les obligations créées par cet établissement donnent, il est vrai, un intérêt assez élevé qui est payé exactement aux échéances. C'est là un mérite de grande valeur aux yeux du rentier, mais elles jouent très-rarement un rôle actif dans les affaires commerciales ; comme les obligations notariées, elles restent dans le portefeuille du capitaliste. Ces titres subissent, dans une certaine mesure, l'influence des événements, toutefois ils échappent à ces brusques dépréciations qui ébranlent, dans l'espace de quelques jours, les fortunes les mieux établies.

Tout le secret de cette bonne tenue des titres du Crédit foncier, au milieu des événements les plus graves, est dans la solidité du gage : *la propriété foncière qui ne peut pas disparaître*.

Peut-on affirmer que le rôle protecteur joué par le Crédit foncier à l'égard du capital, il le remplit également envers la propriété foncière qui a fait le succès de cette institution ?

Les faits donneraient, dans un grand nombre de cas, le démenti le plus formel à une pareille affirmation.

Le Crédit foncier prête à deux conditions distinctes :

1° Avec remboursement à terme et intérêt de 5 0/0 ;

2° Avec amortissement en 30 ou 50 ans : la prime variant suivant le délai accordé.

Dans les deux cas, les charges imposées à la

propriété par le service de ces prêts dépassent les produits qu'elle peut donner, défalcation faite des frais de culture.

Il est démontré que le Crédit foncier n'a été favorable qu'à cette catégorie d'emprunteurs qui auraient pu se procurer ailleurs, sans la moindre difficulté, les fonds dont ils avaient besoin.

Quant à ceux dont la position devait encore s'aggraver par suite de ces emprunts à un taux d'intérêt trop élevé, ils n'ont pas évité la ruine. Ils ont été obligés, par le plus grand nombre, de vendre les propriétés engagées, à des conditions souvent déplorables, afin de les soustraire à l'expropriation.

Nous n'exagérons pas : la situation faite, en général, à la propriété foncière, pour les prêts du Crédit foncier, est bien telle que nous venons de la définir.

Nous avons servi d'intermédiaire entre le Crédit foncier et ses emprunteurs, alors que nous étions receveur général des finances. Nous affirmons avoir été maintes fois témoin des doléances de certains débiteurs qui, très-gênés déjà par le paiement des intérêts, ne voyaient pas, sans appréhension, approcher l'échéance du capital.

La position des emprunteurs, avec amortissement annuel, est tout aussi pénible. Quand les récoltes ne sont que médiocres, ils ne savent comment faire face à leurs obligations. Le plus souvent, ils ont recours à des emprunts usuraires qui grossissent d'année en année et finissent par amener la ruine du débiteur.

Les résultats d'un pareil système nous ont vivement frappé. Dès 1862, nous nous sommes appliqué à chercher les moyens de remédier à cet état de choses.

Notre conviction est formée depuis longtemps.
Un changement radical dans les institutions de
crédit est indispensable pour donner à la propriété foncière une protection efficace, qui ne lui
imposera pas des charges au-dessus de sa force
productive.

Nous allons essayer de formuler ce changement. Le projet de loi que nous donnons ci-
après, assurerait cette protection à la propriété
foncière, en même temps qu'il fournirait au
trésor de l'Etat, sans augmenter les impôts, les
ressources dont il a besoin aujourd'hui, plus que
jamais.

PROJET DE LOI

Art. 1er. — L'Assemblée nationale autorise, par la présente loi, la création d'un établissement financier sous le titre de : **Crédit immobilier de l'État.**

Art. 2. — La gestion de cet établissement est confiée à un gouverneur et à deux sous-gouverneurs nommés par le pouvoir exécutif, sur la présentation du ministre des finances.

Art. 3. — Tous les employés sont nommés et révocables par le ministre des finances sur la proposition du gouverneur.

Ces employés sont rétribués sur les fonds de

l'Etat. La loi du 9 juin 1853, sur les pensions de retraite, leur est applicable.

ART. 4. — Un Conseil de surveillance de vingt membres, désignés par l'Assemblée nationale et pris dans son sein, est chargé de contrôler toutes les opérations du Crédit immobilier de l'Etat.

Ce conseil est renouvelé par tiers, tous les ans, au mois de janvier.

Les membres sortants sont rééligibles.

ART. 5. — L'Etat, représenté par son Crédit immobilier, est autorisé à créer le billet de banque territorial pour faire des prêts à la propriété foncière, rurale et urbaine, et fournir à la Banque de France les billets nécessaires à la circulation commerciale.

ART. 6. — Il n'y aura qu'un seul type pour ces billets, qu'ils soient destinés aux prêts ou à la Banque.

Les coupures ne seront pas inférieures à 20 fr. ni supérieures à 5,000 fr.

Ces billets auront, en tout temps, cours légal. Les caisses publiques les recevront en paiement des impôts et des droits de toute nature.

Le cours forcé pourra leur être donné par une loi.

Art. 7. — Les billets créés en vertu de la présente loi sont garantis par l'Etat français, titulaire de toutes les inscriptions hypothécaires prises sur les propriétés des emprunteurs et par tous les biens domaniaux de la nation.

Art. 8. — Ces billets seront émis, savoir :

Ceux destinés aux prêts hypothécaires, au fur et à mesure de l'admission des demandes et seulement pour la somme de chacune d'elles.

Ceux destinés à la Banque de France, sur la demande de cet établissement, et sans que cette émission spéciale puisse dépasser la moitié de la valeur des biens domaniaux affectés à leur garantie.

Art. 9. — Tout prêt du Crédit immobilier de l'Etat sera garanti par une hypothèque inscrite sur des biens libres.

Ces prêts seront limités, savoir :

Pour les immeubles ruraux, aux deux tiers de leur valeur.

Pour les propriétés urbaines, à la moitié de leur valeur.

Dans l'estimation, dont il sera ci-après parlé, ne seront pas compris les meubles et immeubles par destination.

Art. 10. — Pour obtenir un prêt du Crédit immobilier de l'Etat, il lui sera adressé par le notaire de l'emprunteur une demande accompagnée :

1º D'un certificat de propriété établi sous la

responsabilité de cet officier ministériel, dépositaire des titres constatant l'origine des propriétés affectées à la garantie du prêt;

2° Un procès-verbal d'estimation dressé par le maire et deux notables de la localité où les immeubles sont situés.

Ce procès-verbal sera certifié par le juge de paix du canton.

3° Les polices d'assurances faites pour toute la durée du prêt, en ce qui concerne les bâtiments d'habitation ou d'exploitation;

4° Un certificat du conservateur des hypothèques, constatant que les immeubles sont libres d'inscriptions;

5° Un projet de l'acte de prêt rédigé par le notaire constatant, sous sa responsabilité, que l'emprunteur n'a été ni tuteur, ni comptable de deniers publics, et, dans le cas contraire, l'acte contiendra la mention des pièces et titres portant libération.

Il portera substitution du crédit immobilier de l'Etat aux droits de l'assuré en cas d'incendie.

ART. 11. — Dans le cas où il existerait des inscriptions sur les immeubles affectés à la garantie du prêt, il devra être stipulé dans l'acte que la remise des fonds ne sera faite que sur la production d'une quittance notariée portant mainlevée, ou d'un acte contenant la substitution du Crédit immobilier de l'Etat aux hypothèques existantes.

ART. 12. — Les prêts seront faits pour 5 ou 10 ans, néanmoins l'emprunteur aura la faculté de se libérer en tout temps, en prévenant le Crédit immobilier six mois d'avance.

L'emprunteur pourra obtenir une prorogation de délai pour le remboursement du capital, de

1 à 10 ans, en prévenant le Crédit immobilier six mois d'avance.

Art. 13. — L'acte de prorogation sera reçu par un notaire. Il fera mention du consentement du Crédit immobilier énoncé par simple correspondance.

Cet acte sera annoté par le conservateur en marge de l'inscription primitive.

Art. 14. — Les inscriptions hypothécaires prises pour sûreté des prêts du Crédit immobilier de l'Etat ne seront pas atteintes par la prescription décennale.

Art. 15. — Les prêts faits par le Crédit immobilier de l'Etat produiront, au profit du Trésor, un intérêt de 3 % par an, payable en deux termes, les 1ᵉʳ janvier et 1ᵉʳ juillet de chaque année.

Art. 16. — Le recouvrement des intérêts sera fait par les receveurs des finances et les percepteurs, sur des rôles dressés par les conservateurs des hypothèques et rendus exécutoires par le préfet, dans chaque département.

Un extrait de ces rôles sera adressé par le directeur des contributions directes à chaque comptable, pour sa circonscription, au commencement de chaque année.

Art. 17. — Le remboursement des capitaux, aux échéances, aura lieu sur des rôles spéciaux dressés de la même manière et par les mêmes agents.

Les receveurs des finances et percepteurs délivreront des quittances extraites d'un livre à souche.

Art. 18. — A défaut de paiement, soit des intérêts, soit des capitaux, les poursuites seront exercées contre les débiteurs et leurs héritiers et contre ces derniers, sans qu'il soit besoin de dénoncer les titres, après un simple avis, sans frais, donné par l'agent nanti des rôles de recouvrement.

Ces poursuites seront exercées à la requête des préfets représentant l'Etat, par les receveurs des finances et percepteurs.

Art. 19. — Les mainlevées d'hypothèques seront données administrativement par les préfets, sur la présentation des quittances constatant le remboursement intégral des capitaux et des intérêts.

Art. 20. — Une ampliation de l'arrêté portant mainlevée sera adressée par le préfet au conservateur qui procèdera à la radiation sans frais.

Art. 21. — Les remboursements de capitaux

donneront lieu à l'incinération de billets pour une somme égale.

ART. 22. — Cette incinération aura lieu mensuellement, en séance du Conseil de surveillance. Elle sera constatée par un procès-verbal dans lequel la situation de l'établissement sera relatée.

Ce procès-verbal sera adressé au ministre des finances et publié par ses soins dans le *Journal officiel* de la République.

ART. 23. — Un règlement d'administration, rendu exécutoire par le chef de l'Etat, contiendra toutes les autres dispositions de détails, notamment :

Sur l'intervention des notaires, des directeurs des contributions directes, des conservateurs des hypothèques, des receveurs des finances et percepteurs, dans le service du Crédit immobilier de l'Etat; sur leur responsabilité et leurs honoraires.

Sur la forme et teneur des différents actes qui devront être produits au Crédit immobilier de l'Etat; sur les droits d'enregistrement auxquels ils seront soumis.

Sur la forme et le coût des poursuites à faire pour assurer le recouvrement des intérêts et capitaux.

Art. 24. — Le Crédit immobilier de l'Etat fournira à la Banque de France, sans intérêts et dans la limite des garanties stipulées à l'article 8, les billets nécessaires à la circulation commerciale.

Art. 25. — Les billets de la Banque de France, actuellement en circulation, cesseront d'avoir cours à partir du

Ils seront échangés contre des billets du Crédit

immobilier de l'Etat, à Paris, à la Banque de France, et, dans les départements, aux succursales de cet établissement et aux caisses des receveurs des finances et percepteurs.

Art. 26. — Il n'est apporté par la présente loi aucun changement aux obligations imposées à la Banque de France par ses statuts en ce qui concerne sa réserve métallique, et l'échange des billets contre numéraire, qu'elle est tenue de faire hors le cas de cours forcé.

Art. 27. — Toutefois, l'échange pourra être réglé, d'après le chiffre des coupures, partie en numéraire, partie en plus petites coupures.

Des décrets du pouvoir exécutif en détermineront les conditions, suivant les circonstances.

Art. 28. — L'article 139 du Code pénal est applicable à ceux qui auront contrefait ou mis en circulation des billets contrefaits du Crédit immobilier de l'Etat.

Art. 29. — Tout comptable, caissier de l'Etat et de la Banque de France qui sera convaincu d'avoir exigé une remise quelconque pour l'échange des billets de Crédit immobilier sera poursuivi comme concussionnaire.

*
* *

Ce projet de loi est simplement à l'état d'ébauche; néanmoins, son économie apparaît à tous les esprits.

Son adoption donnerait des résultats incontestables.

Elle procurerait au Trésor de précieuses ressources;

Elle diminuerait de deux cinquièmes l'intérêt que la propriété foncière paie pour sa dette hypothécaire ;

Enfin, sous d'autres rapports, des avantages très-sérieux seraient la conséquence, pour le pays, de ce changement dans la distribution du crédit.

***

Nous avons dit que le Crédit immobilier de l'Etat prouverait au Trésor de précieuses ressources.

Et, en effet, c'est au Trésor que serait attribué le montant des intérêts, à 3 % l'an, de toutes les sommes prêtées à la propriété foncière.

A combien s'élèveraient ces intérêts ?

Il nous est impossible d'en fixer le chiffre,

même approximativement, n'ayant pu nous procurer des renseignements exacts sur l'importance de la dette hypothécaire.

Nous savons, toutefois, que le Crédit foncier a prêté plus d'un milliard à la propriété foncière. Est-ce la dixième partie de ce qu'elle doit? Quoi qu'il en soit, c'est une somme de 30 millions qui reviendra au Trésor pour chaque milliard que le Crédit immobilier prêtera à la propriété foncière !

* * *

Il est à croire qu'un grand nombre de propriétaires, ne trouvant pas de réels avantages à traiter avec le Crédit foncier de France, n'ont pas profité de son intermédiaire.

Le Crédit immobilier de l'Etat, en simplifiant

les formalités, en les rendant moins coûteuses, en fixant à 3 °/₀ l'intérêt de ses prêts, se ferait bien certainement une clientèle considérable. Dans un avenir prochain, toute la dette hypothécaire serait entre ses mains.

Les questions de finances sont aujourd'hui à la portée de tout le monde. Le mécanisme du Crédit immobilier, ses avantages, sa solidité, seraient bien vite appréciés. Ils lui assureraient un succès complet.

Un exemple suffira, d'ailleurs, pour démontrer les avantages qui doivent faire accorder la préférence au Crédit immobilier.

M. N... a besoin d'une somme de 50,000 fr. pour dix ans. S'il s'adresse au Crédit foncier ou à la bourse d'un capitaliste, il ne paiera pas moins de 5 °/₀ d'intérêt, soit par an 2,500 fr., et pour dix ans, 25,000 fr.

Que cette même somme lui soit prêtée, pour le même laps de temps, par le Crédit immobilier à 3 %; l'annuité sera de 1,500 fr.; pour dix ans. . . . . 15,000 fr.

Différence en moins. . . . . 10,000 fr.

C'est-à-dire que la création du Crédit immobilier, fournissant le capital à 3 % à la propriété foncière, assurera sa libération complète en cinquante ans, avec les seules économies réalisées sur le taux de l'intérêt qu'elle paie actuellement pour sa dette.

*
* *

Admettons que l'Assemblée nationale autorise, par une loi, la création du Crédit immobilier de l'Etat et que par suite des demandes qui lui sont adressées, dans les conditions mises à ses prêts, cet établissement se substitue aux créanciers de la dette hypothécaire, pour une somme de 8 milliards, on peut se poser cette question :

Quel emploie recevra cette somme énorme ?

La réponse n'est pas difficile à faire.

Le capitaliste l'utilisera au mieux de ses intérêts :

Une partie de cette somme, un tiers peut-être, ira à l'industrie ;

Une partie à la propriété foncière ;

La troisième aux valeurs industrielles, aux fonds de l'Etat.

Est-il besoin d'entrer dans de longues explications pour démontrer que l'arrivée de ces capitaux dans les caisses de l'industrie doublera la production et mettra une activité inconnue jusqu'à ce jour dans le commerce général de la

France ? Nos exportations prendront une exten-
sion considérable. N'est-ce pas d'ailleurs vers
ce but que doivent tendre désormais tous les
efforts de la nation, afin de faire rentrer en
France le numéraire enlevé par la guerre?

Le sort des travailleurs sera amélioré par l'ac-
croissement des salaires et par un travail plus suivi.

L'affluence des capitaux aura un autre résul-
tat ; elle fera baisser l'intérêt à un taux plus en
rapport avec les bénéfices de l'industrie et les
produits de la terre.

Le rentier, seul, pourra se plaindre d'un
système qui lui imposera quelques soucis de plus
et diminuera le revenu de ses capitaux.

Si intéressante que soit sa position, nous
croyons que les avantages assurés au plus grand
nombre doivent l'emporter sur toutes les consi-
dérations particulières.

On s'est préoccupé bien souvent des moyens d'atteindre le capital par l'impôt. Le système que nous proposons réaliserait ce but. La diminution qu'il ferait subir à l'intérêt du capital aurait sa contre partie dans les avantages nombreux que cette nouvelle distribution du crédit procurerait au trésor, à l'industrie, au commerce et à la propriété foncière, enfin, à toutes les sources du travail et de la prospérité.

*
* *

La propriété trop obérée pour se relever entre les mains des possesseurs actuels pourra être vendue à de meilleures conditions.

La culture ayant plus de ressources à sa disposition, à un intérêt moins élevé, s'améliorera. Des millions d'hectares en friche se couvriront de récoltes. Le déficit de la mauvaise année sera moindre, et si nous sommes encore tributaires de l'étranger pour une partie du grain nécessaire à l'alimentation de la France, nous pouvons prévoir que ce sera pour des quantités moins importantes que par le passé. Nos demandes, plus restreintes, n'exigeront pas la sortie de ces masses de métaux destinées à solder les grains tirés de l'extérieur.

Comme conséquence de cette amélioration de la culture, nous ne verrons plus se produire, en pleine paix, ces crises monétaires si désastreuses pour le commerce et pour la classe des travailleurs, qui a toujours si cruellement à souffrir du ralentissement de l'industrie.

*
* *

Que faut-il à notre Bourse pour la faire sortir de son marasme et relever nos fonds publics?

Il faut deux choses essentielles : la paix et des capitaux.

La paix pour permettre aux esprits de tourner leur activité du côté des affaires et de compter sur le lendemain nécessaire au rétablissement de la confiance.

Des capitaux pour donner aux transactions l'activité qui relèvera le crédit.

La paix nous est rendue à des conditions trop onéreuses ; mais, enfin, c'est la paix qui permettra à la France de travailler avec calme à sa réorganisation.

Quant aux capitaux, on comprend que le système de crédit qui fait l'objet de cette étude les fera affluer vers les affaires dans une proportion suffisante pour donner les résultats vers lesquels doivent tendre désormais tous les efforts de la nation.

****
*

Sommes-nous donc le jouet d'une illusion? Les vœux ardents que nous formons de voir la France se relever promptement et ressaisir sa grande place en Europe nous font-ils prendre le mirage pour la réalité?

Nous ne le pensons pas.

L'efficacité des mesures que nous proposons ne nous paraît pas contestable.

Mais ces mesures peuvent-elles inspirer la confiance? Ces valeurs ne seront-elles pas frappées de discrédit à leur création?

Il ne viendra à la pensée de personne de comparer le billet territorial à l'assignat de notre première révolution.

L'assignat n'avait d'autre garantie que la bonne foi d'un gouvernement révolutionnaire, sans ressources, sans commerce, frappant sans cesse et sans limite le papier nécessaire à une existence dont le lendemain était à la merci des factions qui se le disputaient.

L'émission du billet territorial est limitée; elle ne peut dépasser, dans aucun cas, le montant des hypothèques affectées à sa garantie.

C'est la nation elle-même, par la commission choisie dans le sein de la représentation du pays, qui veille à la rigoureuse exécution de la loi.

L'émission de ces billets a lieu au fur et à mesure que les prêts sont consentis, et pour leur montant seulement. L'incinération d'une somme égale de ces valeurs a lieu pour chaque remboursement fait au Crédit immobilier.

La banque, le commerce, le rentier, si intelligents, quand il s'agit de leurs intérêts, ne pourront refuser leur confiance à une valeur qui présente de pareilles garanties.

Enfin, si grande que soit notre humiliation, si profondes que soient nos douleurs en présence de nos désastres et de la paix signée à Versailles, la situation de la France d'aujourd'hui, son esprit, peuvent-ils donc se comparer à la situation et à l'esprit de la France de la fin du XVIIIᵉ siècle ?

Evidemment non !

La France est rendue à elle-même : ses destinées sont dans ses mains. La France a conscience de ses devoirs. Elle veut le travail et l'ordre pour cicatriser ses plaies et remplir toutes ses obligations de peuple civilisé.

C'est notre espoir que les incitations de quelques esprits troublés ne parviendront pas à entraîner le pays dans ces aventures périlleuses qui se terminent toujours par une dictature et par l'effondrement des progrès et de la liberté.

Montluel, Février 1871.

Lyon. — Imprimerie du *Salut Public*. — BELLON, rue de Lyon, 33.